www.tredition.de

AF217688

Renate Maria Pfaus

# Gereimtes

Gedichte von A bis Z

www.tredition.de

© 2017 Renate Maria Pfaus

Verlag und Druck:
tredition GmbH, Halenreie 42, 22359 Hamburg

ISBN
Paperback:    978-3-7439-6699-4
Hardcover:    978-3-7439-6700-7
e-Book:       978-3-7439-6701-4

## Absegeln

Dieser Sommer! Schön! Vorbei!
Segel streichen! – Einerlei
Vorbei die wunderschönen Tage
Vorbei ist auch die Mückenplage.

Die Sonne steht schon tief im Westen
Lass uns den Wein auch nicht vergessen!
Die Erbsensuppe und der Wein,
Die dürfen nicht im Schiffsbauch sein.
Erfrieren würden sie – wär' dumm
An Bord bleibt einzig nur der Rum.

Männer legt den Mast, gebt Acht,
Dass er nicht aufs Schiffsdeck kracht.
Der Kran steht da, Gewehr bei Fuß
Kalt schon werden See und Fluss.

Nur nicht melancholisch werden
Langsam mit den jungen Pferden.
Passt mir auf, es darf nicht fallen,

Denn das Boot, es muss vor allem
Heil im Winterlager landen,
Nicht als Schrott am Boden stranden.

Kommt dann der Frühling ungeniert,
Ganz sicher!, wird es frisch poliert.


## Adele solo


Adele weinte sich die Seele
Raus aus voller Kehle.
Ihr Liebster sollte ihr die Hände
Reichen bis zum Lebensende.
Jedoch hat er, der Treue
Schwor, jetzt eine Neue.

Adele wollte fliehn und zog die Schuhe
An aus jener Truhe.
Dann streckte sie die Hand
Aus, doch dummerweise fand
Sie statt ihrer Tasche
`ne volle Flasche.

Adele ließ die Tasche

Sein und gönnte sich die Flasche

Wein, und angelehnt an jene Truhe,

Fand sie fürs Erste Ruhe.

Dumm nur, kaum war die Flasche leer

Gemacht, wuchs ihre Wut noch mehr.

Adele war auf Rache

Aus, zu schmerzhaft diese Sache!

Sie knöpfte sich den Liebsten

Vor, er fand´s zum Piepsen

Und lachte noch aus voller Kehle –

Die arme Seele!

Adele bat ihn dennoch zu sich

Heim und zog ´nen Schlussstrich.

Sie griff nun nach der Flasche

Hals und neben ihrer Tasche

In besagter Truhe

Fand er die ew´ge Ruhe.

## Äpfel

Vor kurzem waren´s deren vier,
Doch nunmehr sind da zwei noch hier,
Die mit auf einem Teller lagen,
Die Kumpels jetzt als Brei im Magen.
Der eine rot und grün gefleckt,
Der andere gelb, was ähnlich schmeckt.

Schneewittchen, jenes bei den Zwergen,
Ihr wisst schon, hinter sieben Bergen,
Schneewittchen also aß das Rote
Und lag dann da wie eine Tote.

Sophiechen fragt mit bangem Blick:
„Bringt Rot vielleicht auch mir kein Glück?
Soll ich denn nur das Grüne essen?"
„Ich glaub, das Märchen solltest du vergessen!"

Die Kleine, die im Kopf recht munter,
schlingt lieber doch den Gelben runter.

## Auf Törn

Und wieder schallt es: „Hisst die Segel!"
Der Wind, er zeigt sich prompt als Flegel.
Ist launisch heut´, lässt nach, legt zu,
Macht schlapp – und kaum kommt man zur Ruh,
So düst er wieder zwischen Inseln
Und bringt die Tücher glatt zum Winseln.
Sie flattern erst und fülln sich prall
Schon habn  wir wieder diesen Fall,
Mal sitzt man eben, kurz drauf schief
Und wehe, wenn grad einer schlief,
Dann wird er ganz schnell wieder wach.
Der Skipper macht da oben Krach:
„Was ist da los, die Mannschaft pennt,
Der Wind, er zeigt sein Temperament!
Kommt hoch und fasst mal flott mit an,
Weil ich allein nicht alles kann."

Man torkelt, weil vom Traum noch trunken,
War man doch grad in Schlaf versunken.
Der Wind, er heult, die Wellen toben,
Und schon wird´s  nass auch noch von oben.
„Macht weg das Groß, das Vordere kleiner,

Sonst sind wir allesamt im Eimer!"

Man tut, was Skippers Worte meinen,

Und alles scheint damit im Reinen.

Von oben donnert es und blitzt,

Das Schiff mit seinen Mannen flitzt.

Die Wellen kommen ihm kaum nach.


Doch bald schon wieder, ganz gemach,

Vergisst der Wind sein Temperament,

Kein Wölkchen mehr, die Sonne brennt.

Die Segel hängen schlapp wie Lappen.

Man legt sie ab, die Ölzeugjacken

Und steuert in die nächste Bucht.

Man darf nicht glauben, es wär´ Sucht,

Doch nach d e m Ritt, was soll man tun,

Gönnt man sich nun ein Schlückchen Rum.

## An Ute

Demnächst fahrn wir zu den Kleinen,
Die schon wieder nach uns weinen:
„Opi, zeig mir mal die Welt!"
„Omi, auf den Arm schnell, gell!"

Doch nachdem die Blätter fallen,
Freu ich mich schon jetzt vor allem,
Freu mich auf den Urlaub Ute
Mit den Langlaufschiern, Gute.
Auf der Loipe gleiten, purzeln,
Treffen wir im Wald auf Wurzeln.

Bald kommt der Winter (Rum mit Tee)
Und mit ihm hoffentlich auch Schnee!
Dann im Winter lass uns sausen,
Sanfte Hügel runter brausen
Und pausiern bei einer
Jausen.
Und bevor wir weiter fahrn
Einen leckren Kaiserschmarrn!

Doch nun zuerst schnell zu den Kleinen.
Ich kann jetzt nicht mehr weiter reimen –

Hans-Peter startet das Getriebe,
So sei gegrüßt nun Ute, Liebe.
Ein Gruß an Fred und auch an dich  -
Empfehle mich!


**Au w –ei- a**


Im Hühnerstall gab´s Diskusionen:
Das Eierlegen muss doch lohnen!
Man nimmt uns stets die Eier weg
Zurück bleibt nur ein leerer Fleck.

Den Hühnern stellte sich die Frage
und zwar bei Nacht und auch am Tage,
es ließ sie Tag und Nacht nicht ruhn:
was die wohl mit den Eiern tun?

Die – Bauer Fritz und seine Frau.
Doch Henne Berta, die war schlau
Und dachte: „Ich kann sie nicht fragen,
doch folg´ ich einfach ihrem Wagen,
wenn sie die Eier transportieren
wenn´s sein muss, auch auf allen Vieren

und flatterte bedenkenlos und heiter
dem Auto nach – und immer weiter

Doch vor dem Ziel – au weia-
Gab´s Rühreier
Der Fritz zu stark die Bremse nahm
Das Huhn war ohne Rückwärtsgang
Und landete Hals über Kopf
Im Suppentopf.

**Autsch!**

Huch, schon fängt es an, das Stechen.
Manche Kumpel werden brechen
Hab genug schon von den Faxen,
Lasst mich noch ein Weilchen wachsen.
Wachsen möcht´ ich – grün und schön.
Alle wollen weiß uns sehn.

Wenn ich könnte, wär´ ich sauer
Nämlich auf den Spargelbauer.
Würd´ mit Hand und Fuß mich wehren

Doch ich weiß, den würd´s nicht scheren.

Wär´ so schön grün in der Vase.

Hab´ schon Angst so wie ein Hase.

Schon lichten sich die Reihen.

Ich kann mich nicht befreien.

Man fordert meinen Kopf

Für den Topf.


## Beach-Boys-Konzert

Der Hallux zwickt, die Schulter brennt,

Doch zügelt nichts das Temperament,

Denn heute heißt´s die Keulen schwingen.

Wir wollen rocken, lauthals singen.

Uns lustvoll aneinander quetschen,

Viel besser, als im Ring zu catchen.

Wir wollen alle Knochen regen,

Das Rheuma woll´n wir später pflegen.

Reißt heut uns mit mit euren Stücken,

Stützt später euch auf eure Krücken.

Hey Band (die Jungs so alt wie wir),

Hey Band, legt los, was zögert ihr?

Lasst uns vom Beach, vom Surfen singen
Und fünfzig Jahre niederringen.

Die Halle tobt, der Boden bebt,
Weil ihr nun wirklich alles gebt.
Ihr bringt´s wie einst als junge Racker –
Wir lieben euch, ihr alten Knacker!


**Blockade**

Ich such an stillen, schönen Orten
Total verzweifelt dort nach Worten.
Kau an der Feder, kau am Stift,
Es zeigt sich, auch das hilft mir nicht.

Ich lausche Worten, die ich suche,
die ich nicht höre – und ich fluche.
Ich fluche leise, fluche laut,
Doch auch beim Fluchen hilft kein Kraut.
Mein Hirn ist leer, bin wie verhext,
Es kommt kein Wort, erst recht kein Text.

Ich lausche Worten – nichts zu hören.
Zu viel will meine Kreise stören.

Mein Herz, mein Hirn sind leergebrannt,
Bin vor mir selbst davongerannt.

Wird Zeit, mich wieder selbst zu suchen,
Da hilft kein Kauen, hilft kein Fluchen.
Muss mich und Worte wieder finden,
Um froh die Botschaft zu verkünden:
Ich hab´s, bin wieder mir die Nächste –
Geduld, es reifen neue Texte.


**Bodensee**

Der Frühling macht sich,
Neun Meter mal zwei-achtzig.
Saisonbeginn, ich riech den Wind,
Aufs Boot, und nix wie raus geschwind!

Die großen Häfen und die kleinen,
Die urigen und auch die feinen,
Sie alle werden angelaufen –
Man wird sich um den Gastplatz raufen,

Ob Fischbach, Meersburg, Überlingen,
Mit Wind im Segel wird's gelingen.

Und dann, wenn´s Sitzfleisch nicht mehr kann,
Dann legen wir in Bodmann an.

Der Lenk in Bodmann, seine Leiter
Im Garten, Nachbarn stört´s, mich macht sie heiter.
Der Obrigkeit aufs Maul zu schauen –
Für die, die´s trifft, das nackte Grauen.

Der Peter Lenk und die Figuren,
Rund um den See seine Skulpturen,
Ich mag´s, ihn zu lobhudeln –
Und andernorts geschupfte Nudeln.


**Bolle**

Gestern rief ich Kathi an, Kathi, die Cousine
„Wie geht´s dir, wie geht´s dem Mann?"
„Soweit gut, ich danke dir,
bin jetzt Witwe, das schon lang.

Hat ihn hingemäht, den Franz,
Starb in meinen Armen,
Hat gelitten wie ein Hund,
Grade zum Erbarmen."

„Wann ist er dahingeschieden?"
„Weiß grad nicht so ganz genau,
Müsste da jetzt wirklich lügen,
Bin nun also Solo-Frau.

Doch ich hab viel schlimmre Schmerzen:
Kennst du Bolle noch, den Hund?
Um den trauere ich tief im Herzen,
wein´ die Augen mir noch wund.

Hab´ ihn dort im Beet vor Tagen
Eingehüllt in warme Wolle
Eigenhändig eingegraben
Ruht nun nah bei mir, der Bolle.

Es war Freitag, zehn vor Elfe,
Als ich ihn verstorben fand.
Konnte ihm gar nicht mehr helfen,
wie er da lag, so am Rand.

Stehe nun allein im Leben.
Ach, sein Tod geht mir so nah!
Manchmal denk´ ich, grade eben
War der Süße doch noch da!"

„Beileid, Kathi, wie geht´s weiter
Ohne Bolle, ohne Mann?"
„Sicher wird´ ich nie mehr heiter,
Weil mein Herz das nicht mehr kann.

Ohne Franz, so denk´ ich immer,
Ohne Franz das schaff ich schon.
Darben muss ich nie und nimmer,
Dafür sorgt die Pension.

Bolle hat ich lieb zum Fressen,
Mit ihm war mein Leben rund.
Werde ihn wohl nie vergessen –
Trotzdem – brauch `nen neuen Hund."
„Also dann, wir hör´n uns später,
Zieh schon los, hol dir `nen Köter!"

## Danksagung

Jetzt beglückt uns Abendrot
Doch es herbstelt, keine Frage
Kürzer werden schon die Tage
Blätter liegen da wie tot

Dieser Abend! Weich wie Samt
Tags verrückte Regenschauer
Prasselten gleich einer Mauer
Nun die Farben! Nie gekannt

So lass uns dankbar sein
Lass uns diesen Sommer loben
Morgen schon kommt's nass von oben
Hoch die Tassen, trink den Wein

Heb das Glas auf jene Tage
Die wir auf dem See verbracht
Segelnd tags, träumend bei Nacht
Wunderbar war's, keine Frage.

## Der Baum

Der Baum – grad hat er Grün bekommen,
da kommt der Biber angeschwommen.
Das Kerlchen denkt sich „Oh wie fein,
das Holz, das brauch ich für daheim.
Der Baum gefällt mir – will ihn haben!"
Und schon ist es dabei am Nagen.

Das Tierchen braucht bald mehr und mehr,
es baut mit Holz ein festes Wehr.
Ganz nutzlos, wenn ich es erwähne –
Es fallen täglich Span und Späne.
Possierlich nagt er rundherum
Der Biber – Baum fällt um.

## Der Berg ruft

Fünfundzwanzig kleine Hügel
Hügelchen, nicht Berge
In der Bergwelt eher Zwerge
An sich ganz niedlich anzuschauen
Für Fred ein Grauen
Er hebt die Brauen

Sein Rasen, sonst wie Samt und eben

Er steht davor – und ganz daneben

„Was ist das für ein böses Tier

Na wart, den Burschen kauf ich mir"


Er steckt ein Fähnchen in den einen

Von fünfundzwanzig Hügeln, kleinen

Damit es sich bewegt

Und so er sieht, wo sich was regt.


Kartuschen gibt es für den Fall

Die machen nur `nen kleinen Knall

Sie lassen Maulwurf Kurt am Leben

Und schießen unter Tag ihn eben

Geschickt in Nachbars Garten

Der muss nicht lange warten

Und sieht beim Blumengießen

Wie kleine Hügel sprießen.

## Dialog

Du kommst zu spät!
  Zu spät wozu?
Ich wart auf dich schon lange, du.
  Ach, lasse du mich doch in Ruh!

Noch heute früh hab ich´s vernommen,
zum Essen wolltest wieder kommen.
  Ja und, hab keinen Hunger, du
  Und lass mich endlich jetzt in Ruh.

Der Rasen wartet auch auf dich,
das Mähen wäre deine Pflicht!
  Ach, eines sag ich dir nun du,
  lass damit mich in Ruh!

Fazit:
Wenn einer keinen Hunger hat,
der Rasen ist ihm wurst,
dann ess´ doch du dich richtig satt
und trink was gegen Durst!

# Dichterherz

Dichten, reimen für die Kleinen
Für die Großen, für die Meinen
Ob zum Lachen, ob zum Weinen
Preis erringen wird´ ich keinen.

Werde trotzdem weiter dichten
Über wichtige Geschichten
Wichtig oder auch mitnichten
Keiner kann vor ihnen flüchten.

Dichte für Marie und Rainer
Auch für Moritz – ein ganz Kleiner
Von den Großen bin ich keiner
Bin doch nur ein kleiner Reimer.

## Die Qual der Wahl


Schreib ich, oder schreib ich nicht
Füller, zwei Stück – ein Gedicht
Nehm´ ich den, oder den andern
Seh´ mich in Gedanken wandern
Übers Blatt Papier, das weiße
Ich schon meine Verse schmeiße

Doch ich kann mich nicht entscheiden
Welchen nehm´ ich von den beiden
Überhaupt, was will ich reimen
Wieder von den Lieben, meinen

Dieses Blatt vor mir, das blanke
Lacht mich aus. Vor mir die Schranke
Wächst sich aus zu `ner Barriere
Behindert meine Schreibkarriere

Leeres Blatt – und welcher Füller
So wird´s ganz gewiss kein Knüller
Streichle Füller und Papier
Und das Schreiben schenk ich mir.

**Du**

Es ist so still, dein Bett verwaist
Du bist verreist

Ich wäre manchmal gern alleine
Käm´ so vielleicht mit mir ins Reine
Hätt´ für mich dann auch viel mehr Zeit
Doch gern bin ich mit dir zu zweit
Mit dir zu sein bereichert mich
Bist du nicht da, vermiss ich dich
Lieg ich allein, so friere ich.

Es ist so still, dein Bett verwaist
Du bist verreist.

## Dumm gelaufen

In Eile wollt´ er überqueren
Und sich um sonst was gar nicht scheren.
Da liegt er nun – ganz stumm und flach.
Er rührt sich nicht mehr, weh und ach!
Tot ist er. Noch mit Ach und Weh
Wollt´ schrein er grad noch ganz laut „He,
du Dummkopf du!" Doch blieb er stumm,
wollt´ schreien: „Fahr um mich herum!"
Doch konnt´ er´s nicht, konnt´ nie was sagen,
drum traf der Reifen ihn vom Wagen.

Er liebte Regen, Wind und Sturm
Der arme Regenwurm.

## Ein Mutter-Trost-Gedicht

Täglich fleißig und beflissen,
immer da, wenn man dich braucht,
hast du nun den Job geschmissen,
hat genervt, hat dich geschlaucht.
Ausgehöhlt bis auf den Grund,
„Was nur soll ich Neues wagen?",
quält es sich aus deinem Mund –
alles, nur nicht Nägel nagen!

Nimm den Kopf hoch, meine Große,
Leben ist wie eine Soße:
Ist mal scharf, mal viel zu heiß,
na, das ist dann großer Scheiß.
Ist sie mild und auch mal fade,
schmeckt sie nicht, und das ist schade.
Manchmal schöpfst du aus dem Vollen,
manchmal klappt´s nicht wie wir wollen.

Doch du bist aus gutem Holz,
und ich bin auf dich so stolz!
Bald ist alles wieder gut –
NUR MUT!!!

# Einschlafschwierigkeiten

Hundertneunundneunzig Tiere blöken auf der Weide,
Pflegen grasend Flur und Heide.
Ich hab mich schon gewundert –
Grad warn`s doch noch zweihundert!

Seit Stunden schon fehlt mir der Schlaf,
Entnervt zähl ich nun Schaf für Schaf.
Schon ist mir wieder eins entkommen,
Hätt´ ich nur Baldrian genommen!

Wenn´s Enkelkind nicht schlafen will,
Ist es bei hundertachsig still.
Im Zählen bin ich großer Meister –
Doch wirkt´s bei mir nicht – Scheibenkleister.

## Es herbstelt

Neulich drauß´ im Buchenwald
Wurd´s mir kalt.
Beschlich mich graues Herbstgefühl,
Da Blatt um Blatt zu Boden fiel.

Sie schrien laut, die schwarzen Raben,
Verflogen sich in Nebelschwaden.
Die Alm verwaist, die Raben klagen,
Im Stall verliert die Kuh nun Fladen.

Nix mit Bienchen summ herum.
Es naht die Zeit für Tee mit Rum.
Drum – Winter kumm!

## Es raschelt im Blätterwald

Warum nicht über Blätter reimen!
Klar, `s gibt die großen und die kleinen.
Man kann sie sammeln oder pressen,
kann als Salat sie auch mal essen –
den Sauerampfer, Löwenzahn –
wobei mir ein Gedanke kam:
denn eines lässt mich gar nicht ruhn:
was hat DER denn mit DEM zu tun?

Sei´s drum, es gibt ja andre Blätter,
die da am Baum bei jedem Wetter.
Sie fallen erst, wenn spät das Jahr.
Und auch dem kleinsten wird nun klar,
liegt es erst unten, kommt der Frost.
Zum Trost – dereinst wird's zu Kompost.

# Fernsehabend

Warum sitz ich vor der Glotze?

Sitze vor der Glotze, motze.

Motze über Filme, lahme,

Glotze weiter – und ich ahne:

Wieder nichts, was mir gefällt.

Gibt's denn nichts auf dieser Welt,

Was mich vor der Glotze hält?


Würde gern vor Spannung schwitzen,

Ganze Nächte würd´ ich sitzen,

Voller Angst, auch Rührung weinen,

Müsste hier vor Frust nicht reimen.

Talk-Shows bringen mich zum Gähnen.

Könnten die nicht Gäste nehmen,

Die sich interessant und witzig geben?


Aber nein, drum muss ich motzen.

Werde trotzdem weiter glotzen.

Kommissare, ewig gleiche,

Weisen mürrisch zu `ner Leiche.

Auch die Täter kennt man schon;

Manchmal ist es ein Herr „von…"

Ob arm, ob reich, Knast ist sein Lohn.

Die Prominenten, stets dieselben,
Sie alle haben was zu melden.
Sie feiern sich und ihresgleichen,
Die gut Gebräunten und die Bleichen.
Egal, ob jener Film ein Flop,
Ganz gleich, ob dieser Auftritt topp,
entlockt mir nur ein müdes: „Stopp"


und trotzdem werd´ ich weiter glotzen,
Werd´ über Super-Models motzen,
Auch über Sangesbrüder stöhnen
Und vor Verzweiflung herzhaft gähnen.
Die Frage ist, ob wir das brauchen –
War wieder mal zum Haare raufen.
Der Abend wär´ somit gelaufen!

## Festliche Vorfreude

Advent, Advent – und Mutter streikt
Den Plätzchenteig hat sie vergeigt
Adventlich weiß die Tannenspitzen
Doch auch der Hefeteig blieb sitzen.

Sie will die blöde Gans nicht kaufen
Will nur durch stille Wälder laufen.

Den Gänsen ging´s schon an den Kragen
Die Bäume wurden längst geschlagen
Warum den Baum ins Haus sich stellen
Steh´n wunderschön in rauen Mengen
Im Wald – warum sie dann mit Tand behängen.

Und überhaupt
Doch wie wird´s morgen
Geschenke muss sie noch besorgen
Denn morgen kommen doch die Göhren
Die Gans muss her, und auch noch Möhren
Den Baum, wenn auch `nen kleinen,
Die 30-jährigen, sie könnten weinen.

Nun auch noch flugs die Plätzchen backen
Geschenke liebevoll verpacken
Denn Weihnachten muss man was schenken
Was sollten sonst die Andern denken!

Das alte Jahr ist bald passe´
Ein Jeder zieht jetzt Resümee
Die Bäuche wohlig rund und voll
War dieses Fest nicht wieder toll?


**Friesland 2008**

Eckart spült die Tassen, Teller,
Fips raunt: „Eckart schneller, schneller,
Schau, die blonde Friesin fromm
Winkt schon rüber:" „Männer kommt
Auf ein Bierchen, gern auch zwei,
später werden´s vielleicht drei.
Bringt mir auch Hans-Peter bei!

Die zwei alten Frauen dort -
Lasst sie einfach mal an Bord.
Werden Euch schon nicht verlassen,
Ihr kriegt sie bestimmt zu fassen.

Lasst sie laufen über Wiesen
Voll mit Kühen, alten Friesen.

Kommt zu mir her, seid doch schlau!
Hab´ hier noch `ne blonde Frau-
meine Schwester, die Mareike.
Kommt Ihr, oder seid Ihr pleite?
Na, dann sucht mal schnell das Weite!"


## Frühling

Zwei Elstern – er und seine Braut
Schwarz-Weiß-gefleckt und häufig laut
Sie suchen sich für´s Heim `nen Platz
Der sicher ist vor Mensch und Katz.

Ein Nest der Größe Wagenrad
Entsteht, man schreitet frisch zur Tat
Er, Herr Elster, zieht vom Leder
Der Frühling fährt im in die Feder
Verliebt bis über beide Ohren
Schon bald sind Eierchen geboren.

Die Beiden brüten laut und heiter
Die Wolken ziehen stetig weiter
Sie häufen und sie ballen sich
Herr Elster lässt sein Weib im Stich
Nur kurz, die Lage mal zu peilen
„Weib, musst mit Brüten dich beeilen
Der Wind entwickelt sich zum Sturm
Ich bring´ dir schnell noch einen Wurm
Ins große Nest zur alten Fichte."

Der Sturm nimmt zu in voller Dichte
Und fällt sie um, die alte Fichte.

Frau Elster flattert hoch vor Schreck
„ach Schatz, nun sind die Eier weg
Das schöne große Nest kaputt
Wo nur ist unsre liebe Brut?"

Am Boden freut sich Kater Maier
Die Elsternbrut – nun Rühreier.

Noch nachzutragen wär´
Die beiden Elstern sind nicht mehr
Der Nachbar hat ein Luftgewehr.

## Frühlingserwachen

Da kommt Elster Martha wieder,
Frühling streicht durch ihr Gefieder,
sucht das Nest vom letzten Jahr,
wo sie mehrfach Mutter war.

Erpel Friedrich findet´s groß
Frieda ist schon da – famos!
Watschelt munter um den Teich
„Frieda wart, ich komm ja gleich!"

Fips gelangweilt auf der Stange,
langsam wird ihm wirklich bange.
„Schafft mir doch ein Weib herbei,
suche dringend Mamagei."

Amsel Kurti sucht die Schönen,
lauscht verzückt den hohen Tönen.
Hör´ ihn später leise fluchen:
„Gibt es hier denn nur Eunuchen?"

Pudel sieht man heftig wedeln,

suchen fix ein Hundemädel

und von fern noch mehr Gebell:

„Brauch ´ne Süße, aber schnell!"


Auch Herbert macht auf dicke Hose,

seit Jahren schon wirbt er um Rose.

Nun liebt die Rose aber Kalle,

lernt´ kennen den erst grad auf Malle.


Bei Tier und Mensch stimmt´s immer wieder,

der Frühling fährt uns in die Glieder.

Doch auch die Liebe braucht ´ne Weile,

das geht nicht so in aller Eile.

Drum reicht es nicht, wenn man  sich findet,

ein bisschen Zeit braucht, wer sich bindet.

## Frust

Nebel draußen, auch im Hirn
Keine Flocke, auch kein Firn.

Plätzchen essen, Glühwein saufen
Nix mit Schnee, auf Schiern laufen.

Grottenduster, feucht und finster
Soll das Winter sein – ein Winter???

Sonne, Kälte, Schnee und Eis
Nix davon, was für´n Scheiß!

# Gusterath

Trier – alt – liegt an der Mosel
Dort gibt´s auch noch Konz und Kusel
Pluwig gibt´s und Gusterath,
Wo ich schon so manchen Pfad
Abgeschritten durch die Wiesen
Hier mit meinen Füßen, diesen.
Hab´ den Wagen dort geschoben,
Den mit Lilly, nicht gelogen!

Lilly lächelte und schlief,
Auch wenn dreist die Elster rief.
Kühe auf der Weide muhten,
Manche auch nur einfach ruhten,
Uns mit Kulleraugen folgten,
Auch mal mit den Selben rollten.
Kein Gespräch und auch kein Singen
Ließ sie aus der Ruhe bringen.

Kam der Bauer mal zum Mähen,
Sammelten sich ein paar Krähen
Auf der Wiese, auf dem Acker.
Na, dann gab´s ein Mords Gegacker.

Frauchen kamen angelaufen

Mit den Hunden, zwischen Haufen;

Vielen Hundehaufen, braunen,

Haufen groß und klein – zum Staunen!


Lilly störte dieses nicht,

Sie verzog nicht ihr Gesicht.

Hundehaufen auf und nieder –

Trotzdem, ich komm immer wieder.


Gusterath, du stilles Örtchen,

Bald spricht Lilly da ein Wörtchen

Mit bei deinem bunten Treiben,

Doch das werd´ ich später schreiben.

## Gute Nacht!

Ich erzähl von Häschen, Schafen,
Sophie will kuscheln, sollte schlafen.
Grübelt nach, was alles geht,
was die Welt denn so bewegt –
ihre Welt voll Fragen, Träumen,
Welt voll Staunen, goldnen Bäumen.

Sie löchert mich, hat tausend Fragen:
„Können Monster Häuser tragen?
Kommt das Einhorn auch im Schnee?
Tut der Schnee ihm auch nicht weh?
Fliegt es über jede Pfütze?
Trägt das Horn auch eine Mütze?

Omi, schlaf nicht ein, du Gute,
bleib noch wach, nur ´ne Minute.",
bettelt sie, zupft mich am Haar.
„Omi kann es sein, ist´s wahr,
´s gibt so viele wicht´ge Dinge:
Pupsen eigentlich Schmetterlinge?"

### Habldibabeli

Segel schwellen,
Wolken quellen.
Wasser warm,
Türken arm.
Brot wird teuer,
Auch die Eier.
Mannschaft klasse,
Wellen krasse –
Äh – krasse Wellen,
Ankerstellen.
Anker, die nicht halten,
Raki einen kalten
Geckos leise schleichen
Kein Grund, zu erbleichen.

Bleiche werden braun,
Knackig anzuschaun
Bäuche werden runder,
Mehmet verkauft Plunder:
Honig aus den Booten,
einen Schal, den roten,
Ketten, Bänder, Fische –

Hoffentlich sind`s frische!

Essen, trinken, klönen,

satt, zufrieden stöhnen

und der Ruhe frönen.


Anker lichten,

Mann verpflichten,

der ans Ruder geht.

Wind, der schwächelt,

Wind, der weht,

Segel flattert,

Segel steht.

Wind wird stark,

Affenfahrt

Skipper brütet über Karten,

noch ein knappes Stündchen warten.

Bucht erreichen,

Anker schmeißen,

sich an Mandeln, Raki laben,

in dem klaren Wasser baden,

Röllchen rolln

Vom Blatt des Weines

Voll mit Reis –

Na so was Feines!

Tags drauf Anker hochgerissen,

Beiboot rein und Segel hissen.


Wind kommt auf, die Wellen schieben.

„Schaut mal her, was schwimmt da drüben?"

Schildkröt`oder –kröterich

Tief beeindruckt oder nicht

Lässt uns von sich Fotos machen,

na, wir lassen sie – ihn achtern.

Ibrahim am Steg brüllt rüber:

„Kommt zu mir, bringt türkisch Lira,

essen gut, ganz prima, prima!"

Und nach viele Bla-bla-bla

Sind die Mezze auch schon da.

„Antike Trümmer, schaut mal her!"

bester Koch vom Mittelmeer –

Hassan in der nächsten Bucht

Wird von uns gern heimgesucht.

Kocht für uns, zeigt Felsengräber,

abends Schwerarbeit für Magen, Leber.

Schenkt zum Abschied Peperoni

Einen Beutel voll – und Vroni

Eine Tüte voll Gemüse

Für die Route – ach die Gute!

Yusuf in der Bucht daneben

Schreit: „Hier lässt sich`s super leben.

Essen, Frauen, Bier und Wein –

Männer, kommt im Herbst – allein!

Lasst die Frauen wo sie sind

Besser dort bei Heim und Kind.

Habldidabeli heißt die Devise,

passt gut zu Essen und auch zu Denise.

Habldidabeli könnt ihr hier kriegen

Günstig und gut, ihr müsst nur herfliegen."


Wolken quellen, Segel schwellen,

Türken herzlich, Abschied schmerzlich.

Vierzehn Tage sind vorüber.

Ganz bestimmt – wir kommen wieder!

## Hechtsprung

Fischer Fritz kam angeflitzt,
Hat den Fisch auch gleich geschlitzt.
„Elsbeth, dieser Hecht, der große,
Schmeckt mit deiner hellen Soße.
Kannst mal schnell zum Laden laufen
Und ein paar Kartoffeln kaufen!"

Doch der Nerv vom Fisch, der zuckte,
Drum er von dem Teller ruckte.
Und der Hecht sprang von der Kante,
So dass Kater Bruno rannte –
Schnappte ihn und maunzte: „Danke!"

## Heimweh

Der Maulwurf Kurt im Süden war
Hat Heimweh nach dem Norden, klar
Der Kleine hat sich's überlegt
Und macht sich flugs gleich auf den Weg

Es zieht ihn wieder hoch gen Norden
Im Süden blieben ihm nur Sorgen

Er sorgt sich um Frau, um Kinder
Um Onkel, Base, Freund nicht minder

„Bevor ich hier noch sterb' vor Kummer
Schnapp ich mir den mit OL – Nummer"
Und krabbelt hinten auf den Wagen
Nach Stunden wird er abgeladen

Kurt hüpft vergnügt dann auf und nieder
„Hey Fred, mein Freund, da bin ich wieder!
Beinah wär' ich vor Gram vergangen
Wo ich doch so an dir gehangen
Und wie du weißt, mein Freund, ich steh'
Auf dich und auf Ganderkesee."

### Herbst-Aktion

Schatz, setz' deinen Strohhut auf
Hol' die Kettensäge raus
Die Säge, die dein ganzer Stolz
Macht bestimmt 'ne Menge Holz

Dieser Wildwuchs – Ahorn, Eichen –
Müssen aus dem Garten weichen

Schau, die Fichte, die da vorn
Ist im Aug´ mir längst ein Dorn

Auch die zweite, säg´ sie gerne
Nimmt sie doch den Beeren Wärme
Licht und Sonne stielt sie auch
Lass dafür den schönen Strauch
Den da neben dieser Kiefer
Die du liebst, doch säg´ sie lieber
Sie nimmt mir den Blick auf Rosen
Anemonen und Mimosen

Die dritte Fichte, die lass stehn
Sie ist gertenschlank und schön
Die Tanne, die so blau getönt
Auch an sie bin ich gewöhnt

Hast du alles auch behalten?
Ich muss jetzt im Hause walten
Kochen, bügeln, Böden schrubben
Später komm ich dann zum Gucken

Schatz, komm rein, ich wart´ auf dich
Essen fertig… sagt´ ich´s nicht
Schatz – die Tanne – die doch nicht!

Ach, der Strauch, der sollte leben
Schatz, ich sagt´ es doch soeben
Nun ist er dahin, der Schöne
Hast du Worte, hast u Töne

Beide krummen Fichten stehn
Findest du die etwa schön?
Doch die dritte, die Gefällte
Liegt nun da in dieser Kälte

Was ich noch vergeblich suche
Ist der stolze Baum – die Buche
Willst du sie zu Brennholz machen?
Dabei ist mir nicht zum Lachen
Sie war doch mein ganzer Stolz
Liegt nun da als Stapel Holz
Glaub nicht, dass ich das begrüße
Na, dann wärmt sie uns die Füße

Fleißig warst du schon, mein Schatz
Die Anweisung war für die Katz´
Kommst zum Essen angerannt
Selbiges ist – na, du ahnst es –
Längst verbrannt!

# Heringsfang

Ein flotter Hering schwamm
Ganz nah bei Heiligendamm
Genau wie Oles Kutter

Nun schwimmt der tote Hering
Bei Oles Mutter in brauner Butter

Noch ist sie nicht zu End´ die Mähr
Dem Ole liegt die Gräte quer
Es bleibt die Luft ihm gänzlich wech
- Pech -

## Januar

Gehabt euch wohl, ihr Schwestern, Brüder
Ich hoffe doch, wir sehn uns wieder
Verschwinden jetzt in Schachteln, Truhen
Und dürfen nun ein Jährchen ruhen

November – Trübsal musste raus
Wir brachten Glanz in jedes Haus
Wir schmückten Fenster, Raum und Baum
was für'n Traum

Advent und Weihnacht – unsre Zeit
Doch nun, ihr Freunde, ist's soweit
Wir – wohlverpackt – verschwinden wieder
Die stille Zeit, sie liegt darnieder

Vorbei die Zeit voll Glitter, Glanz
Von Plätzchenduft und Weihnachtsgans
-    man denkt schon an den Osterkranz.

## Kapitulation?

Wissentlich ins Unglück rasen,
Träume mutig sausen lassen.
Tränen, fett wie Kröten schlucken
Ohne Murren, ohne Mucken.
Nie dem eignen Ego frönen,
Sich zu ducken ohne Stöhnen.
Stets nach Harmonie zu streben –
Meines, deines, unser Leben.

## Katzenjammer

Kater Lorenz schleicht ums Haus,
Herr Lorenzo heißt er auch.
Nördlich auf der Hintertreppe
Wartet schon der junge Pepe.
Kaum begegnen sich die zwei,
Gibt's auch schon ein Mordsgeschrei.
Beide lieben nämlich Suse
Die von der Familie Kruse.


Herr Lorenzo ist beleibt,
Pepe bislang unbeweibt.
Beide brüllen ihre Triebe

Raus – wenn´s doch nur leise bliebe!
Und da kommt auch schon die Suse,
Die von der Familie Kruse.
Suse steht recht gut im Futter,
Doch sie war noch niemals Mutter.

Klar, jetzt geht´s erst richtig los
Und mein Frust ist riesengroß;
Möchte einfach weiter schlafen,
Mach mich hier doch nicht zum Affen!
Dieses Schrein, dieses Gejammer!
Beschwer´ mich bei der Katzenkammer.
Gleich werd´ ich zum Katzenhasser
Und versuch´s mit kaltem Wasser.

Der Versuch war großer Käse,
Weiter geht´s mit dem Getöse.
Hör´ die Kater sich bemühen,
Werd´ mir einen Kaffee brühen.
Endlich ist die Nacht vorbei,
Keine Katzen – kein Geschrei!
So ein Liebeskampf, ein langer,
Hoffe, Suse ist jetzt schwanger!

# Kinder

Kinderwunsch ist eine Gier,
gerne hätt´ man zwei, drei, vier.
Groß der Wunsch, dass man sie kriege,
schwups, sie liegen in der Wiege.

Sie beherrschen dich, dein Leben,
bist bereit, dich aufzugeben.
Gibst die Brust, danach das Fläschchen,
spielst mit Klötzchen, rosa Täschchen,
hockst auf Knien, robbst am Boden,
löst aus Puppenhaaren Knoten.

Gerne strickst du Socken, Mützen,
die vor Wind und Wetter schützen.
Später bist du nur auf Achse,
für die Kleinen spielst du Taxe,
fährst zum Sport sie und zum Flöten,
dann zur Disco, deine Kröten,
holst sie nächtens von ´ner Feier,
was passiert da wohl, zum Geier?

Irgendwann, wenn nicht mehr klein,

machen sie den Führerschein.

Wieder liegst du nächtens wach,

voller Angst und Sorge – ach!


Was für'n Glück, sie werden groß

Und du bist sie endlich los!

Kinderkram hat jetzt ein Ende,

haben selbst nun eigne Wände.

Wohnen fern im Haus mit Garten,

wo sie Kinder dort erwarten.


Kinderwunsch ist eine Gier,

hätten selbst gern zwei, drei, vier.

Groß der Wunsch, dass man sie kriege,

schwups, da sind sie in der Wiege.


Und du bäckst diverse Kuchen,

um die Kröten zu besuchen.

Knüpfst am Schuh dir nun den Senkel,

was für'n Glück, du hast nun Enkel!


Gerne strickst du...

## Kindermund

Lillys Lolli rot und rund –
Grad ergattert in der Kneipe,
wölbt die Wange, färbt den Mund.
Hüpfend sucht das Kind das Weite.

„Möchtest du mal lutschen hier?",
ruft sie zu dem Opa,
„Schmeckt er denn nach Weizenbier?
Dann probier ich den da."

Lilly keineswegs verdutzt,
bleibt prompt steh´n im Nu.
Lolli schon leicht abgenutzt,
„Opi, Mann, das träumst du."

## Leben und sterben lassen

„Beim Dichten," klagen meine Erben,
„lässt Mutter du fast alle sterben."
Na ist doch so, ob Mensch, ob Maus
Für Jeden ist der Ofen aus,
wenn seine Zeit auf Erden rum
wir wärn zu viele sonst, und drum
ob Menschenkind, ob Katz, ob Mops
ein Jeder geht irgendwann hops
Der Eine schnell, der Andre erst nach Jahren
Ein Jeder muss mal in die Grube fahren.

Doch immerhin, ich bin nicht keck
Ich bring persönlich kein´ ums Eck
Nur auf Papier, das ist erlaubt
Und hoffe drauf, dass ihr das glaubt.

Und wollt ihr mich dereinst beerben,
so muss ich wohl erst einmal sterben.
Doch vorerst, meine lieben Kleinen
Lasst mich noch mehr vom Sterben reimen!

## Lebenslinien

Weiß nicht, wo ich steh`,
nicht, wohin ich geh`
auf der Straße meines Lebens.

Gradlinig und krumm,
schreiend oder stumm
geh` ich meines Weges.

Fliegen wie ein Vogel
Wollt` ich nie im Leben,
nie nach Hohem streben.

Wollte erdverbunden bleiben,
ab und zu was Dummes schreiben.
Bilder, Worte, Reime,
dumme oder feine
drängen aus mir raus,
bring` ich zu Papier –

schenk` ich dir.

## Letzter Tag

Du bist der Tod und willst hier rein?

Wie wär´s mit einem Fläschchen Bier, mit Wein?

Wirst nicht mal rot und meinst, dies soll´s für mich gewesen sein?


Nimm erst mal deine Sense weg

Und stell´ sie dort ins dunkle Eck

Trink Schnaps ein Gläschen, gern auch zwei

Auch drei von mir aus – einerlei


Wie´s scheint, geht´s mir heut´ an den Kragen

Wolln wir Zwei noch ein Tänzchen wagen

So Wang´ an Wang´ wir Zwei allein?

Komm, trink doch noch ein Glas vom Wein

Vom süßen, roten, schwankst du schon?

Wir müssen üben – du das Tanzen, ich das Lieben.


Den Tod zu lieben fällt mir schwer – sehr!

Dein Tanz wird lahm, bist du betrunken?

Sieh deinen Pferdefuß, den plumpen

Du ziehst ihn hinterher, den Armen

Magst einen Grog noch, einen warmen?

Und hör´ bloß auf, mich zu umarmen!

Siehst meine Tränen, die ins Aug´ geschossen
Und lallst: „Das war´s – ein Irrtum ausgeschlossen!"


Bist du nun Teufel oder Tod?
Egal, ich seh´ jetzt langsam Rot
Den Klumpfuß nimm jetzt untern Arm
Du alter, kalter, schwarzer Mann


Und wenn ich mir´s recht überlege
Die Sense stört mich, steht im Wege
Bist du der Tod, so will ich dein –
Doch heute nicht, erst später sein
Bist du der Teufel, alter Mann,
So rat´ ich dir, klopf später an.


Du trinkst das Bier und auch den Wein
Nur lustig willst du doch nicht sein
Du säufst den Wein und auch mein Bier
Nun trink schon aus, und ab mit dir!


Der Tag ist kurz, es wird schon kälter
Die Nachbarin ist soviel älter

Verschwinde hier und schnapp sie dir!

## Man kommt in die Jahre

Ob zu zweit oder alleine,
Überall nur Rentnerbeine.
Lauf ich in die Berge los,
Seh´ ich um mich Rentner bloß.

Geh´ ich ins Lokal, das gute,
Fünf von Sechs – `ne Rentnerschnute.
Mach ich auf mich ins Theater –
Neben mir: ein Urgroßvater.

Mach ich eine Führung dort
An dem kunstbehauchten Ort,
In der Runde rauf und runter:
Alte Leute, laut und munter.

Treib ich Sport im Studio,
Hampelt dort schon Julio.
Er ist siebzig – flotten Tritts
Sportelt er mit Rentner Fritz.

Dessen Lotti – achtzig grad –
Strampelt keuchend auf dem Rad,
Stemmt noch eine schwere Hantel,
Schlüpft dann in den Rentnermantel.

Mach ich mit dem Schiff `ne Tour,
In der Meute Rentner nur.
Geh ich mal zum Langlauf fort,
Na, was seh´ ich? Rentner dort.

Wenn ich faul im Garten träume,
Fällt mein Rentner Hans die Bäume;
Ruft mir fröhlich zu soeben:
„Herrlich, dieses Rentnerleben!

Unsre Eltern, ach die Lieben
Sterben weg uns wie die Fliegen.
Grad noch waren wir das Kind,
Glaub´s kaum, dass wir Rentner sind.

Und die Freunde, unsre alten
Plagen Zipperlein und Falten.
Kürzlich erst hab ich erkannt:
Rentner sind sie – allesamt!

Muss ich wirklich damit leben?

Fühl mich dabei voll daneben,

Schau betrübt auf Rentnerbeine

Und erkenne: Es sind meine!


## Mäuse-Dreck-Spatzen-hirnloses Gedicht und andere Kleinigkeiten

Gern reimt sich Sonne auf Wonne,

doch auch der Regen bringt Segen –

eben.


###################################################
##################

Mein Herz verkümmert innen drin,

wär`s außerhalb, hätt`s keinen Sinn.

Es würde schwitzen, frieren, modern.

Es soll doch lieber in mir lodern!

Ein Krähenjüngling voller Mut
Übte sich im Segelflug –
Er war nicht gut.
Die Katz ganz flugs erklomm den Baum,
um sich den Kunstflug anzuschaun
- aus der Traum.
Die Fetzen flogen, die Federn stoben,
- kein Vogel oben.


############################################
##################

Poetische Gedanken wandern, mäandern
Just an mir vorbei.
Gern würde ich Gedichte schreiben,
Sollt` besser bei der Prosa bleiben.
Gedichte – Wahnsinn ohnegleichen,
den Status wird` ich nie erreichen.
Die Poesie behalt ich mir,
sie darf nicht raus –
- aus.

## Mein letzter Tag

Wohl hör´ ich dich von oben sagen:
Dein letztes Stündlein soll heut´ schlagen!"
Verdammt, dann gib mir einen Rat
Wie soll ich diesen Tag gestalten?
Soll ich im Hause schalten, walten,
Wie ich es all die Jahre tat
Zum Bäcker und zum Metzger rennen
Mit einer Freundin um mich flennen
Den Tod in mir schon im Gesicht?
Wem bringt es was? – Mir sicher nicht!


Ich könnte auch zum Shoppen laufen
Und mir verrückte Dinge kaufen
Zum Anziehn oder auch zum Wohnen
Doch das wird sich wohl kaum noch lohnen.

Soll ich mich an dem Baum, dem großen
Mit meinem kleinen Auto stoßen
Mich in den Fluss, den kalten, stürzen
Und somit diesen Tag verkürzen?

Ich könnte zum Frisör zum Färben

Doch schickt sich's, rot gefärbt zu sterben?

Soll ich denn schreiben an die Meinen

Sie sollen tüchtig um mich weinen?

Soll ich an meine Lieben schreiben:

'Wollt' noch nicht gehn, wollt lieber bleiben

Ich liebe euch!' Doch wenn sie's lesen

Heißt's „liebte", denn es ist gewesen.


Könnt' Strümpfe stricken für die Kleinen

Doch blieb's bei einem, auch zum Weinen.


Soll ich ein Buch, ein letztes lesen?

Was war das noch für eins gewesen

Das mir so wichtig schien im Leben?

Zu viele warn's und darum eben

Lass ich's ganz, verschlaf den Tag, lass alles sein.


Du hältst dich raus? Find ich gemein

Nicht nett von dir

Du kannst mich mal, ich bleibe hier.

## Meine Liebe

Zwei Kirschen ins Gespräch vertieft,
Bemerkten, die daneben schnieft.
Sie selbst, vor Süße fast betrunken
Sie ahnen, der hat was gestunken.

„Na, mon Cherie, was quält dich, Süße?"
„Ach stellt euch vor, das Kind, das wüste
Hat meine Liebste weggepflückt
Ich wär´ vor Kummer fast erstickt

Und Freunde, grad wie ihr ein Pärchen
Geerntet einfach so von Klärchen
Die, und das haut euch von den Socken
Nahm sie als Ohrring unter Locken
Danach, nichts kann mich dran entzücken
Zerquetscht von rot geschminkten Lippen."

„Oh mon Cherie, das tut uns leid
Zum Glück sind wir bis jetzt zu zweit."
Sie dotzten selig aneinander
Zu zwein am Stängelchen beinander

Doch bald schon unser Kirschenpärchen
Sank jauchzend rein ins Kirschlikörchen
Ummantelt dann von Schokolade
Oh, mon Cherie – wie schade!


## Menschlich-tierische Tragödie

Die Frau – ein Hund
Der Hund ein Mops und kugelrund
Die Frau – das Käthchen – auch rund,
Ein spätes Mädchen

Das Käthchen und ihr Mops, das Klärchen
Sie lebten gut, das alte Pärchen
Sie teilten sich den Tisch, das Bett
Und machten sich's in Kissen nett

Sie hatten's gerne warm, bequem
Und wollten nicht nach draußen gehen
Sie mochten nicht gern Gassi laufen
Nur schnell mal eben Süßes kaufen
Sie schafften es grad so zum Baum
Ohne sich groß umzuschaun.

Des Nachbarn Katz´ mit roten Haaren

Faucht´ da, wo auch die Autos fahren

Dem Mops, dem passte das nicht recht

Auf denn zum tödlichen Gefecht!


Das Käthchen – ihn an kurzer Leine

Der Mops genauso kurze Beine

Sie liefen, nein sie kugelten ganz lahm

Als plötzlich prompt ein Auto kam.


Der Mops ging hops

Und auch das Käthchen

Kam zwangsläufig so unters Rädchen.

## Mich wurmt...

Serviette unters Kinn, du Dödel!
So schmeckt der Serviettenknödel.
Ist der Mund mit Knödeln voll,
versteht man dich nicht ganz so doll.

Pilze sammelt man zu Fuß,
Pilz am Fuß jedoch kein Muss.
Der Eine steht im Wald ganz stumm,
den Andern trägst du mit dir rum.

Der Bücherwurm begeistert liest,
der Holzwurm Holz am liebsten frisst.
Der Erste – ohne Buch frustriert,
der Zweite stets nach Holz nur giert.

Mich wurmt der Regen, wurmt der Sturm,
mein Schuh trifft einen Regenwurm.

Regentropfen tropfen, rinnen
Meistens draußen, selten drinnen.
Nasen tropfen gern im Kalten
Bei den Jungen, bei den Alten.

Hängt ein,
Tropfen muss man bangen –
Fällt er, oder bleibt er hangen?

Läuft die Nase, hilft kein Pfropfen,
nur bewährte Nasentropfen.

Spinnen weben Fäden, spinnen
Sowohl draußen als auch drinnen.
Weber weben Garn zu Tuch –
Was macht der Weberknecht da – huch!
Er spinnt genau wie Spinnen Fäden –
Spinnweben eben
Oder etwa Weberknecht Fäden?

## Mittelmaß

Als kleines Kind strich ich die Geige
(auch sie noch klein) zu meiner Freude.
Die Geige wuchs, auch ich wurd` groß,
Wir waren eins – wie Reiter, Ross.
Es klang nicht falsch, klang wohl recht gut,
das machte Mut.
Wir mussten viele Jahre üben
Ich und die Fiedel die Etüden.
Ob öffentlich, ob nur zum Spaß –
Wir beide blieben Mittelmaß.

Und da ich gern am Wasser bin,
So dacht ich mir, na, Mädel schwimm!
Ging zum Verein und schwamm dann eben,
Schwamm Jahr für Jahr wie um mein Leben.
Trainierte viel im Sinn des Sports,
Schwamm Wettkampf hier und andern Orts.
Ich war ganz gut, schwamm mit viel Spaß –
Und blieb dabei nur Mittelmaß.

Dann lernte ich das Tanzen lieben.
Fing an Fox, Walzer, Rumba üben.
Ich tanzte nicht auf allen Vieren,

Schwang meine Beine bei Turnieren.

Die Bildung dort am fernen Ort,

Die riss mich von dem Sport dann fort,

Hat Walzer mir und Fox genommen.

Ich denk, es wär auch sonst gekommen:

Getanzt hab ich recht gut, mit Spaß.

Ich glaub, auch dies war Mittelmaß.


Ja stimmt! Getöpfert hab ich auch

Gefäße mit und ohne Bauch

Hab Ton gedreht, ganz intensiv

Die Krüge, Töpfe, selten schief.

Ich töpferte ganz ungeniert,

Hab sie glasiert, auch mal verziert

Mit Blumen, Baum und Ornament

Wie man das halt vom Töpfern kennt.

Bekam oft Beifall- und trotz Spaß.

Na klar - bleib´s Mittelmaß.


Nach Jahren dann ein alter Traum:

Ich paddelte durch Fluss und Au(e)n,

Manch Strömung nahm ich ganz geschickt,

Passiert ist nichts zu meinem Glück,

Obwohl ich wilde Wasser nahm

Und manchmal kippte ohne Gram.

Man sagte mir, ich sei nicht schlecht
So für mein Alter – mir war´s recht.
Das Paddeln bot unendlich spaß
Und trotzdem – ich blieb Mittelmaß.

Gemalt hab´ ich mit Pinsel, Händen
Und dachte, dies wird niemals enden,
Ich habe endlich meine Ruh´,
Mit dem, was ich nun fortan tu.
Hab Jahre vor mich hin gemalt,
War dabei glücklich, wurde alt.
Und als dann eins zum andern kam,
Legt ich den Pinsel weg und dann –
Dann kam er wieder, dieser Spaß
Am Malen – und das Mittelmaß.

Und nun in späten Jahren schreib´ ich,
Ich schreib´ und dichte oft ganz fleißig.
Ich denke nach und führ den Füller,
Schreib Stories auf von Lieschen Müller,
Bring zu Papier, was man erzählt,
Was ich erleb´, was sonst doch fehlt!
Bin glücklich mit Papier und Tinte,
Wenn ich die rechten Worte finde.
Ich schreib mal Lyrik, auch mal Prosa

Von Nachbars Lumpi und auch Rosa,
Versuche mal ganz keck zu dichten,
Und sonst erzähl ich halt Geschichten.
Manch einer beißt bei mir ins Gras.
Es macht Spaß – bleibt Mittelmaß.

Wer möchte nicht was Großes schaffen,
So dass die Welt beginnt zu gaffen.
Auch ich wollt zeigen, was ich kann
Und fing mit vielen Dingen an.
Doch endlich weiß ich, was ich will:
Will Vieles machen, doch ganz still
Mit Freude nur für mich und Spaß –
Und gerne bleib ich Mittelmaß!

## Muttertag

Du warst, als ich noch klein, die Beste.

Auch noch nach all den Jahren Reste,

Die blieben mir, wenn auch verborgen.

Ich musste täglich dich umsorgen,

Ich sorgte mich mit recht viel Mühe

Und kochte täglich dir `ne Brühe.


Die Liebe drohte zu verschwinden,

Du fingst an, täglich zu verkünden,

Es wär´dir lieber, ich würd´ plauschen,

Statt ständig hin und her zu rauschen.

Ich sollte mich mehr unterhalten

Mit dir, statt deine Wäsche falten.


Und dann – vom Pflegedienst die Frau,

Das war für dich der Super-Gau.

Nie wolltest du sie akzeptieren

Und ich begann, von innen zu erfrieren.


Und doch – ich hab´s nur gut gemeint,

Hab´ oft an deinem Grab geweint.

Ich hab´ vermisst dich noch nach Jahren,

Da wir doch so lang Mutter – Tochter waren.

An manchem Tag fehlt mir die Ruh´:
Reicht denn das, was ich hier tu?
Sollt´ ich nicht noch mehr Blumen pflücken,
Um damit dieses Grab zu schmücken?
Wärst du zufrieden mit den Pflanzen
Und überhaupt so mit dem Ganzen?

Nun steh´ ich hier heut, hör dich rufen:
„Du könntest öfter mich besuchen!
Wenn ich noch könnte, würd´ ich weinen,
Zum Plaudern finde ich hier Keinen.
Möchte´ liebend gern politisieren
Anstatt hier einsam nur zu frieren."

Du warst, als ich noch klein, die Beste
Und heute hege ich die Reste –
Die Reste und ich hoff´, es bliebe
Ein Rest von meiner Tochterliebe.

## Nonsens

Ein Wicht, ein kleiner Mann, den plagte Gicht –
Ich kannt' ihn nicht.
Die Gicht, die machte ihn betroffen,
So hat er sich zu Tod gesoffen.

Ein Wicht, ein kleiner Mann, den plagte Gicht,
Nun ist er tot – ich nicht.

Ein Anderer war groß und schlank,
Der regelmäßig Kaffee trank.
Das war bei ihm so Brauch,
Das mach ich auch.

Und noch ein Dritter sei genannt.
Ihr seid gespannt?
Nun seid nicht so vermessen,
Ich hab's vergessen!

## November-Melancholie

Nebelschwaden wabern
Laub das raschelt unter mir
Und Getier – kann nichts dafür

Ein Wurm, bei Regen recht aktiv
Den hat´s erwischt, wohl als er schlief.
Ich trat ihn platt mit meinen Füßen
Nun lässt er euch von oben grüßen

Und auch ein Käfer war zu lahm
Als ich so meines Weges kam
Auch er geplättet wie sein Freund
Wer weiß, wovon er oben träumt

Die Schnecke, ach, die süße Kleine
Ich wünschte ihr, sie hätte Beine
Auf dass sie schnell das Weite suche
Im Beet, vielleicht auch bei der Buche

Auch Igel Max das Weite sucht
Er hatte schon Quartier gebucht
Am Hügel unter Gartenkram

Wo er sein Winterlager nahm
Wie jedes Jahr zur gleichen Zeit
Weil´s winters ab und zu mal schneit

Das Laub, das wollt´ ich sammeln
Beginnt´s doch sonst zu gammeln
Ich wollt´ es sauber fegen
Doch Mitleid bringt mein Herz zum Beben
Na ja, dann lass ich´s eben.

# Oktober

Ein Blatt im Wind ans andre stieß
verzeih, fühlst du dich auch so mies?
Ich häng´ hier schon seit Mai am Baum
Erst grün, dann gelb, nun werd´ ich braun
Ich kann mich kaum noch halten
Am Baum im Wind, dem kalten. –

Auch ich hab ein Problem
Ich glaub, wir müssen gehen.
Der Wind wird uns besiegen,
Sei´s drum, wir dürfen fliegen.
Lass uns fest aneinander klammern
Und nicht wie all die andern jammern. –

– So lass uns schweben, fliegend lachen
Mit Freunden einen Teppich machen! –

Sie schmiegten sich eng Stil an Stil,
Der Wind, er wurde etwas viel.
Sie taumelten zwei Federn gleich
Und landeten – im Teich.

# Papier

Du saugst nicht nur als Küchenrolle
Du duldest Texte, selten tolle.
Schluckst tapfer mein Geschwafel
Verschönerst weiß und bunt die Tafel.

Du schmückst den Tisch gefaltet – fein wie eine Rose
Nimmst Flecken auf, die von der Soße.
Du heißt nicht Rose, nicht Anette,
In diesem Falle – Serviette.

Stehst eng, gelangweilt in Regalen
Und klar, auf dir lässt sich´s auch malen.
Auch Noten trägst du ungezwungen,
Doch manches Stück klingt ungelungen.

Du lebst in warmen, kalten Räumen
Als Drachen hängst du oft in Bäumen.
Nicht selten stellst du Rätselfragen
Bleibst leer, wenn wir uns hirnlos plagen.

Auch wirst vermisst du,
Machst nicht froh,
Fehlst aufgerollt du
Auf dem Klo

Du liegst schon druckfrisch früh beim Tee
Per Zeitungsfrau – die gute Fee.
Dich gibt´s liniert, kariert und leer
Und manchmal darfst du mit ans Meer.

Du zeigst uns Sterne, Pflanzen, Rochen,
Du lässt dich schneiden, klammern, lochen,
In Mappen sammeln, knüllen, feuern,
Auf dir stehn auch – verflixt – die Steuern.

Auf dir steht unser ganzes Leben
Vom Anfang bis zum Ende eben.

# Reisgericht

Ein Reiskorn rundlich, weiß und trocken
Vor Trauer völlig von den Socken
Klagt: „Ich vermiss´ die Meinen
So gern wär ich mit euch im Reinen
Ich trennte mich von euch im Streit
Sprang im Zorn vom Topf zu weit
Jetzt tut´s mir in der Seele leid

Ich hör´ euch in der Brühe röcheln
Würd´ gern mit euch im Töpfchen köcheln
In alter Freundschaft mit euch quellen
Wie das so ist in solchen Fällen

Und wär´ ich nicht so trocken
So völlig von den Socken
Ich würde um mich weinen
Könnt´ weiter für euch reimen
Doch merkt der Mensch nicht, dass ich fehl
Im Topf – er tritt mich grad zu Mehl!"

# Riech mal!

Die Ohren wurden schon besprochen
Manch eine Nase wird gebrochen
Durch Schläge mit der Faust
Doch wird sie nach wie vor gebraucht.

Meist sitzt sie mitten im Gesicht
Sie schnaubt, wenn krank der Mensch und riecht
Sie riecht den Frühling und den Kohl
Und riecht sie nichts, ist ihr nicht wohl.

Wenn´s brennt, riecht sie, sofern sie kann, den Rauch
Den von der Pfeife riecht sie auch
Und wird´s zu schlimm, hält Mensch sie zu
Dann hat die gute Nase Ruh´.

Manch eine zeigt sich stupsig
Manch eine ist ganz krumm
Das ist dann für den Träger dumm
Die Eine legt sich unter´s Messer, egal warum
Die Andre findet sich so besser, sei´s drum

Die meines Vaters Große
Die meiner Mutter Kleine
Die Mischung macht's
Und das ist meine.


## Ringen um Worte


Der verflixte Drang zum Schreiben
Lässt mich grübeln, lässt mich leiden.
Und ich grüble und ich leide
Wenn's mich drängt und ich nichts schreibe.

Ring um Worte, grab nach Sätzen,
ja, heut   schreib ich, lass das Schwätzen.
Heute glänze ich mit Texten
Die verzaubern, die verhexen.

Heute muss ich endlich dichten,
denke da an drei Geschichten.
Kamen mir dereinst zu Ohren,
schreib ich's nicht, gehen sie verloren.

Kaum beginn ich`s, lass ich`s bleiben,
hör gleich wieder auf zu schreiben:
Ist das wichtig? Wer will`s lesen?
Was ich schreib, ist längst gewesen.

Rauf mir voller Wut die Haare,
wütend an die Decke fahre.
Schau von oben zweifelnd runter:
Geh ich schlafen? Bleib ich munter?

Schreib ich, oder lass ich`s bleiben?
Gut, ich schreibe
Und ich leide!

## Rodung

Ein Riesenlärm hat uns erschreckt,
Des Morgens unsanft uns geweckt.
Gleich Ungeheuern tobten sie,
Die Motorsägen wie noch nie.
Viele Bäume hinterm Haus,
Die standen da, nun ist es aus.

Es stand da stolz einst Baum an Baum.

Nun sind sie weg, man glaubt es kaum.

Gemordet sind sie allesamt,

Ich hab´ persönlich sie gekannt.

Drei Tage hört man´s ächzen, stöhnen,

Nur Brennholz sind sie noch, die Schönen.


Man hat sie alle raus gefischt.

Den Fuchs, den hat´s nun kalt erwischt.

Es stehen noch Gestrüpp und Farne,

Er kennt sich nicht mehr aus, der Arme.


Nur Stümpfe bleiben zum Erbarmen,

Leiden tun auch Fritz und Carmen –

Die Kinder, die beim Spiel sich neckten

Und gerne hinterm Baum versteckten,

Auch sie steh´n ratlos da am Hang.

Wie lange dauert´s denn, wie lang?

So fragten sich die Beiden bang,

Bis wieder Bäume stehen, wann?

Natur wird´s richten, wenn sie kann.

## Sauwetter

Regen tropft mir auf die Stirn,
mir deucht, da fehlt ein Regenschirm.
Es tropft von Nase, Brille, Kinn,
so Schirm-los, wie ich grade bin.
Drum stürm ich in den nächsten Laden,
wo sie so was zu kaufen haben.

Stapf wohl beschirmt nun durch die Pfützen,
lass mich vom Parapluie beschützen.
(Manch Andre haben nasse Mützen,
die bei dem Regen wenig nützen.)

Der Regen wird zum Wolkenbruch – huch!
Dazu erwacht, zuerst ganz sacht,
doch später stark, na, gute Nacht,
ein Stürmchen erst, danach gar Sturm.
Er rüttelt heftig, was mich wurmt.

Der Schirm klappt um, ich klapp ihn zu –
Nun ist Ruh.

Es tropft von Nase, Brille, Kinn,
so Schirm-los, wie ich wieder bin.

## Schau mal

Augen sehen Kleines
Großes und Gemeines
Sehen Schönes, Schlechtes
auch nichts Rechtes

Augen, groß wie Teller
Sehen nichts im Keller
Hören auf zu funkeln
im Dunkeln

Augen, oft verdeckt von Brillen
Sich zuweil´n mit Wasser füllen
Sich beim Weinen röten
Blicke können töten

Sind Augen traurig, sind´s die Feuchten
Die von den Kindern aber leuchten
Sie leuchten grünlich, blau und braun
niedlich anzuschau´n

Sieht es eine tote Maus

Wendet sich das Aug´ mit Graus

Sieht es einen Schmetterling

Der an einer Blüte hing

Folgt sein scharfer Blich ihm nach

Was für ein entzückend Falter – ach

Das andre Auge schielt ganz keck

Vom Schmetterling ganz einfach weg

Ist mit den Jahren trüb geworden

Wirft seinen Blick mehr so gen´ Norden

Und gibt Mensch einst den Löffel ab

Nimmt er Aug´ und Blick er mit ins Grab.

## Schneckerle

Augen blau, wie Sterne strahlen,
Glitzern kleinen Seen gleich.
Auch der Mund, schön wie zum Malen,
Wohlgeformt, an Tönen reich.

Erst die Nase! Klein und zierlich
Kräuselt sich so ab und an.
Meine Güte, wie possierlich,
Wie man nur so aussehn kann!

Auch die Wangen – rosig zart,
Zeigen makellose Glätte.
Manchmal allerdings wird´s hart,
ist das Schätzchen hungrig, oder hätte
Gar die Windel voll.
Klar, dann gibt es kein Pardon,
Denn dann schreit sie grad wie toll
Und dann heißt es wickeln und – Banane!

Mehr davon!

*Lilly, 10 Monate*

# Schneeflöckchen, Weißröckchen

Flocken treiben im Gestöber,
Rocken klein und auch mal gröber.
Tanzen Reigen zart wie Feen,
Wird´s zu wild, dann gibt es Wehen.

Kaum zu glauben, doch als Masse
Gibt´s Probleme auf der Straße.
Lassen schwere Autos rutschen,
In den Graben nur so flutschen.

Und die Flocke, auch die feine,
Stürzt als Masse sogar Bäume;
Gibt sich schon mal hintertrieben,
Nass und schwer, willst du sie schieben.

Allerdings ist sie famos,
Fährst du mit den Schiern los.
Lässt dich auf ihr sportlich gleiten,
Ob allein oder mit Leuten.

Pech nur hatten Bert und Tine,

Endeten in der Lawine.

Rasten neben allen Pisten,

Bis die Freunde sie vermissten.


Ein Flöckchen bremste beide nicht,

Gemeinsam wuchs dann das Gewicht.

Es zwang die Zwei so mit Gewalt

Zum Halt.


In Unschuld weiß sieht man die Kleinen –

So schön, so zart, man könnte meinen:

Alleine hat man keine Kraft,

doch schau, was haben  d i e  geschafft!

## Segelsport

Will man per Boot von A nach B,

Wird's teuer, das tut richtig weh.

Will man den Ort zurzeit erreichen,

Stellt meist der Wind ganz eigne Weichen.


Der Sport – ich geb' es zu – ist krass,

Mal transpiriert man, mal wird's nass.

Man zerrt an Schoten und an Tampen,

Wird's allzu schräg, sitzt man auf Kanten,

Holt sich bei Sonne einen Brand,

Auch blaue Flecken sind bekannt.

Man schüft das Knie und auch die Hand,

So dass es schmerzt, trägt gern Verband.


Doch wenn die Segel sich dann blähn,

Wird's schön!

Man gleitet übers Wellenheer,

Gefällt mir sehr.

Auch Ankern in der Bucht –

`Ne Wucht.


Der Sport, ich geb' es zu, ist krass.

Wär's nicht so schön, wär's auch kein Spaß!

## September

Die Buche wird schon gelb vor Neid
Mit Blick zur Tanne, der tut's leid,
Denn die behält ihr grünes Kleid.
Es sei denn, und das wär ihr Traum,
Sie endet just als Weihnachtsbaum.
Doch jetzt im Herbst juckt sie das kaum.

Noch trägt man Ärmel kurz und Hosen,
Kurz tragen Kleine und die Großen
Und läuft auf nacktem Fuß, dem bloßen.

Man kann die Hecken noch mal trimmen,
Selbst noch im See vergnügt rum schwimmen,
Sofern die Temperaturen stimmen.

Die Äpfel erntet man, die reifen,
Der Herbst ist da, er ist zum greifen.
Die Felder abgeräumt und leer,
Das Korn stand da - und jetzt nicht mehr.

Den Mais kann man noch stehen sehn,
Die Trauben hängen noch, wie schön!
Die Trauben hängen dicht an dicht,

Was solln sie sonst, `s ist ihre Pflicht.

Den Winzer freut`s, er lächelt fein:

Dies Jahr gibt`s einen super Wein!


Ob man dran zweifelt, ob man`s glaubt,

Schon bald steht alles nackt, entlaubt.

September weicht, gleich ist`s Oktober,

Das nasse Laub riecht dann nach Moder.

Erst recht, wenn an Novembertagen

Wir statt im Wasser in Nebelschwaden baden.


## Sonntags-Gedicht


Am heil´gen Sonntag soll man ruh´n

Und schon gar nichts Böses tun

Doch wie steht es mit den Trieben

Darf man sonntags auch nicht lieben?


Animalische Gedanken, die sich auch am Sonntag ranken

Hochwürden, lass sie gar nicht zu

Und die Kathi heut´ in Ruh

Halte fest an deinem Glauben

Willst du ihr denselben rauben?

Sonntags darfst du Messwein saufen

Und die kleinen Kinder taufen

Lass von Kathi dich verwöhnen

Mit dem Braten, mit dem schönen

Mit dem Kuchen, mit dem feinen

Doch lass die Finger von der Kleinen


Wie gesagt: lass sie in Ruh –

Schlingel du!


## Stein und Stille


Den Stein, den, der am Ufer liegt

Nach langer Wanderschaft im Fluss,

Den nimmst du auf.


Du streichelst ihn, er schmeichelt dir.

Der Stein, trotz seiner Härte, Schwere

Liegt glatt, fast weich in deiner Hand.


Er führt dich in die Stille,

Führt dich zu dir.

Und du findest Worte, Texte –

Manchmal zum „Stein-Erweichen".

**Strandgut**

Ein Steinchen unter Steinen
Am Strand fand ich den Kleinen
Er lag vom See weg nur ein Stück
So trafen wir uns – was ein Glück

Ein Dampfer produziert `ne Welle
Man kennt vermutlich solche Fälle
Ich nahm ihn mit zu mir nach Hause
Und säuberte ihn mit der Brause

Dies Steinchen ist ein hübsches Stück
Und bringt mir seither stetig Glück
Und hätten wir uns nicht getroffen
Gewiss wär´ er sonst längst ersoffen.

**Summ, summ**

Bäume zeigen grüne Blätter,
Löwenzahn den gelben Schopf.
Draußen wird es wärmer, netter,
Tulpen blühn in Beet und Topf.

Beuge meinen Rücken runter,
Unkraut nervt mich kolossal.
Giersch gedeiht im Garten munter,
ihn vernichten – eine Qual!

„´S gibt kein Unkraut!", manche leiern.
Mag ihn nicht, auch nicht ganz frisch.
Als Salat ihn viele feiern,
niemals, nie auf meinem Tisch!

Doch ansonsten: He, willkommen!
Frühling web´ dein buntes Band.
Bin vom Frühlingsduft benommen,
Vögel außer Band und Rand.

Doch da schau mal, diese Wolken!
Hummeln, Bienen grad noch hier,
haben Blüten fein gemolken,
schau nach oben - ´s graut mir schier.

Flocken fallen weiß und still,
April, April!

## Tauwetter

Gedanken, schwer wie Nebelschwaden
Fressen mein Gehirn.
Fressen Freude auf wie Maden
Draußen liegt noch Firn.

Bald tropft Nässe von dem Dach,
Die weiße Pracht rutscht von dem Giebel
Triefend liegt der Frohsinn brach
Blei auf dem Gemüt – ganz übel.

Ich suche Trost in meinem Garten
Schau grad in dessen Mitte.
Muss halt auf bessre Zeiten warten –

Der Schnee kriegt Cellulite.
Steh heute abseits, weg von meiner Spur.
Bin wie entgleist, mir selbst entglitten
Und frage mich: Wo steh ich nur?
Bin mitgeeilt mit Riesenschritten.
War immer da für alle Welt
Hab mich gegeben, mich geteilt,
Die Weichen nicht für mich gestellt,
Bin nicht mehr bei mir selbst verweilt.

Doch mit dem Schnee, dem schweren, nassen

Taut Trübsal weg und Wut.

Will meinen Kummer sausen lassen.

Doch, doch – es geht mir gut, gut, gut!


**Tiefer Fall**


Ach du meine Güte! – Pech

Nun ist eine davon wech.

Eine von den vielen Kleinen

Und mir ist beinah zum Weinen.


Ach, da liegt sie, sie fiel runter,

Fühlt sich wohl, versteckt sich unter

All den Freunden, auch aus Wolle

Aus der roten, diese Tolle.


Fängt an im Gewirr zu rangeln,

Ich versuch sie hoch zu angeln,

Auf die Nadel sie zu heben

Für ein neues Sockenleben.

## Traumwelten

Bei Tag läuft alles richtig rund,
Doch nächtens leid´ ich wie ein Hund.
Tagsüber gutgelaunt und munter,
Im Schlaf geht´s drüber und auch drunter.

Im Traum da lauf´ ich ständig weg,
Lauf oft im Kreis, ins dunkle Eck.
Lauf vor, nein, schnell zurück –
War nur ein Traum, was für ein Glück!

Träum ich, so bin ich oft der Retter,
Ob´s nun ein Freund ist, ob ein Vetter.
Ich fang ihn auf mit bloßen Armen
Aus grellem Flammenmeer, dem Warmen.
Ich rette oft auch aussichtslos,
Dann wach ich auf, der Frust ist groß.

Ich träumte oft als Kind vom Krieg,
Die Eltern hatt´ ich furchtbar lieb.
Ich grub sie ein in unserm Garten,
Sie sollten dort im Erdreich warten.
Sie durften nur ganz leise husten,
Bis die Soldaten abziehn mussten.

Den Vater bleich und kalt, den Armen,

Ließ ich in Mutters Bett, dem Warmen.

Sie konnte sich von ihm nicht lösen,

wollt´ neben ihm so weiter dösen.

Der Traum berührt mich Tag und Nacht.

Was man im Traum so alles macht!


Gern möcht´ ich andre Träume kriegen,

Wie meine Lieben, die nachts fliegen.

Die nächtens von Erfolgen träumen.

Ich hingegen kann nur schäumen

Vor Wut, Verzweiflung und vor Gram –

Im Traum nur – und nur dann und wann.

## Veränderung unerwünscht

Soll ein Schrank mal weg vom Fleck,
schreit die Brut gleich: „Ach du Schreck!"
Willst du ihn auch noch verkaufen,
ist´s für sie zum Haare raufen.


Selbst schon lang von Hause fort,
darf sich nichts verändern dort.
Alles muss so sein wie immer –
Ja, so sind sie halt die Kinder.


Verändern dürfen sie sich immer,
doch die Eltern nie und nimmer.
Leben längst ihr eignes Leben,
Kinder – auch die Eltern eben!

## Verschmähte Liebe

Ich sehne mich nach Liebe-
Lei mit meinem Freund, Herrn Maier.
Ich liebe ihn, schenkt` ihm sechs Kinder)
Die Nachbarskatzen ihn nicht minder

Ein Kater, stattlich im Detail
Und auch en gros, so nebenbei.
Geliebte bis zu ihrer sieben
Wo nur ist sein Elan geblieben?

So stolz und schön, das war mein Kater -
Und vielfach Vater

Verändert hat sich Kater Maier
Warum`s so ist, das weiß der Geier
Liegt faul und dumm im Sessel rum
Ich flirte mir den Buckel krumm

Nun ist es klar, es sprach sich rum
Die Menschen, ihr verzeiht, sind dumm
Drei Nachbarkatzen, ich, zu viert,
Wir sind frustriert
Traumkater Maier ist kastriert!

## War so nicht geplant

Onkel hat sich da verrannt,
hat sie vorher kurz gekannt.
Doch dann kam ganz flott ein Kind,
drum die Hochzeit so geschwind.
Kaufte Garten, Haus fürn Frieden,
wollte sie auf ewig lieben.
Und die Zeit verging im Flug,
Tantchen hatte bald genug.

„Ich will leben in der Stadt,
hab´s hier außerhalb so satt,
denn hier draußen lässt´s mich schaudern.
Ich will vornehm sein und plaudern
Mit den hochgestellten Damen,
die zum Patchwork-Treffen kamen
letzte Woche um halb zehn,
und sie wollten gar nicht geh´n.
Rieten mir, ein Haus zu kaufen,
könnt´ von dort ins Zentrum laufen.
Baden-Baden ist so toll
Und mein Kopf ideenvoll.
Auch dem Windhund würd´s was nützen,
durch den Park nur so zu flitzen.

Einen Haken hat die Sache,

ehe ich den Schritt dann mache,

mir ein Stadthaus anzuschaffen,

müsst´ der Sensenmann ihn raffen.

Siebzig Jahre ist sein Alter.

Noch ist er gesund, der Walter.

Dennoch wird er vor mir gehn

Und dann hab´ ich´s richtig schön.

Ich – mit vierzig – kann noch warten,

pflege fleißig Haus und Garten.",

sagt sich Tantchen, „Hab´ Geduld!"

hegt derweil den Patchwork-Kult.


Wochen später - eine Reise.

Walter schläft und schnarcht ganz leise.

Tantchen fährt, sie sitzt am Steuer,

etwas ist ihr nicht geheuer.

„Da, da vorn in dunkler Nacht,

was ist da?" Schon hat´s gekracht.

Walter fährt erschrocken hoch,

„Meine Liebe, lebst du noch?

Wo sind wir denn angeeckt?

Mein Gott, hast du mich erschreckt!"

Und er sieht sie an, sieht rot,

Tantchen hübsch und still und – tot.

# Warten

Ich bin klein, mein Herz ist rein

Und muss erst noch geboren sein

Ich bin schon bald auf dieser Erden

Und soll ein hübsches Mädchen werden

Die Mama kauft schon einen Wagen

Sonst müsste sie mich immer tragen

Mit viel PS, das wird nicht gehen

Mein Papa wird das schon verstehn

Auch ohne Motor wird´s wohl klappen

Durch Gusterath auf Schusters Rappen

Will Papa ganz schnell mit mir rennen

Dann hör´ ich sofort auf zu flennen

Heh, Mama, ich fänd´s supernett

Kaufst du mir noch ein kleines Bett

Und lasst ihr mich zu lang allein

Dann fang´ ich lautstark an zu schrein

Legst du mich, Mama, an die Brust

Vergess´ ich sofort jeden Frust

Und wie gesagt, ich bin noch klein
Und will noch gar nicht draußen sein.


Mama, Papa, nun ist Schluss
Ich schick euch schon mal einen Kuss.


## Wieder mal November

Na, so ganz allmählich schleicht sich der Advent heran.
Dockt mit Keksen, Stolln, Pralinen sanft an unsrer Wampe an.

Zeigt sich optisch mit Lametta, glitzert, glänzt in, außer Haus.
Zugegeben – manche Deko – kurz gesagt, ein wahrer Graus!

Elche in den Gärten weiden
Schlitten auf den Rasen gleiten
Voll bepackt mit Lichterketten
Lästig, wie im Sommer Zecken.

Häuserfronten und Balkone flimmern weiß und bunt und grell
Möchte man sich distanzieren, ist man einfach feige, gell?

Dann die Frage aller Fragen, die zum Thema Weihnachtsgans:

Tiefgekühlt aus jenem Laden, oder frisch vom Bauern Hans?

Das Bewegt mich schon seit Tagen

Mach ich´s oder lass ich´s ganz?


Kann ja auch ein Hühnchen kochen

Ohne Haut und ohne Knochen

So als Suppe in der Brühe

Ohne Aufwand, ohne Mühe.

„Das geht gar nicht!", hör ich´s zetern, hör ich´s rufen, mauln und schrein.

„Brat die Gans uns, so wie immer! Gans mit Knödeln, Kraut und Wein!"


Also muss ich wieder grübeln, wo bring ich das Vieh nur her?

Aus dem Supermarkt gefroren, oder zahl ich etwas mehr?


Noch ist Zeit, noch hab´ ich Ruhe.

Die Einen frösteln in der Truhe,

beim Bauern Hans, dem auf dem Hügel,

da tummelt sich noch das Geflügel.


Na, wie gesagt, ich hab noch Zeit. –


Ich zieh jetzt los, kauf mir ein Kleid!

## Winteranfang?

Grad warst du da,

schon bist du weg.

Statt weiß – nur noch ein nasser Fleck.

Fast hätt´ ich dich vor Freud geküsst,

verschwunden bist du, so ein Mist.

Du Flocke du, du bist ein Flegel,

im Winter Schnee – so ist die Regel!

Zeitfracht Medien GmbH
Ferdinand-Jühlke-Straße 7
99095 Erfurt, Deutschland
produktsicherheit@kolibri360.de